AF224454

A LA RECHERCHE

D'UNE

SECONDE CHAMBRE

A M. LÉON CORNUDET,

ANCIEN PRÉSIDENT DE SECTION AU CONSEIL D'ÉTAT.

Monsieur,

Vous avez bien voulu accepter l'hommage de cet opuscule et je vous en remercie; car votre nom lui donne sa signification. Ce n'est pas une œuvre de parti.

Ami intime de Montalembert, héritier de ses traditions, comme lui étranger aux partis et respecté de tous, indépendant et modeste dans les grandes fonctions publiques, modèle de dignité dans la retraite, vous êtes le vivant exemple de ceux qui croient que la politique doit étre, non pas une lutte haineuse de personnes ou de factions, mais la poursuite honnête et raisonnée, par des moyens divers, d'un but commun, le bien général du pays,

Auprès de ceux qui vous connaissent, cette dédicace n'ajoutera rien à l'estime dont ils vous entourent; elle sera pour l'œuvre la plus enviable des recommandations.

A. GOURJÚ.

29 avril 1874.

A LA RECHERCHE

D'UNE

SECONDE CHAMBRE

La question politique qui fait l'objet de cette étude est du nombre de celles qu'il est possible de traiter sans passion ; car, si elle intéresse l'organisation du pouvoir législatif, partie essentielle de l'État, elle ne touche pas à la forme du gouvernement : la plupart des républiques ont deux chambres, et il n'est pas sans exemple que des monarchies n'en aient qu'une (1). C'est donc une question sur laquelle dans le même parti les opinions peuvent se diviser, sur laquelle aussi elles peuvent se rencontrer dans des partis différents et surtout parmi les hommes nombreux qui n'ont pas d'autre parti que la recherche désintéressée du bien public.

C'est aujourd'hui un principe généralement admis que le pouvoir législatif doit être partagé entre deux chambres au moins. « On peut désormais considérer comme une » vérité démontrée la nécessité de partager l'action légis- « lative entre plusieurs corps. Cette théorie, à peu près » ignorée des républiques antiques, introduite dans le » monde presque au hasard, ainsi que la plupart des

(1) La Grèce et l'empire d'Allemagne.

» grandes vérités, méconnue de plusieurs peuples moder-
» nes, est enfin passée comme un axiôme dans la science
» politique de nos jours (1). »

Les causes en sont connues : la plus décisive, c'est le mauvais effet produit sur l'esprit de tout possesseur du
pouvoir, que ce soit un individu ou une assemblée, par le
sentiment qu'il n'a que lui à consulter (2).

Les Assemblées uniques, si elles sont peu scrupuleuses
ou que la majorité y soit compacte, sont facilement en-
traînées à abuser de leur omnipotence ; si elles sont
honnêtes ou que la majorité y soit chancelante, elles tom-
bent dans l'indécision et la faiblesse. Dans un cas elles
deviennent tyranniques, et dans l'autre impuissantes.

Mais si le grand nombre est d'accord sur la nécessité
des deux Chambres, si même l'on convient que la première doit être la représentation de la majorité des *électeurs*, c'est-à-dire de tous les citoyens dans les pays de
suffrage universel et des censitaires dans les autres, l'accord
cesse quand il s'agit de la composition de la seconde,
et il est peu de matières qui aient donné naissance à plus
de systèmes.

Nous nous proposons de rechercher ici une solution
pour ce problème, et voici sommairement quelles sont les
idées générales qui seront développées dans ce travail :

En France les *Chambres hautes*, quel qu'en soit le

---

(1) Alexis de Tocqueville. *Démocratie en Amérique*, 12ᵉ édit., I, 135.

(2) « Il est désirable qu'il y ait deux chambres, par la même raison qui faisait
» nommer deux consuls aux Romains, pour que ni l'un ni l'autre ne pussent être
» exposés à l'influence corruptrice du pouvoir absolu, même pendant l'espace d'une
» seule année.... Céder d'un côté, exiger de l'autre, ainsi que cela se pratique
» entre deux assemblées, est une école permanente de la salutaire habitude de
» transiger... »
John Stuart Mill. *Le Gouvernement représentatif*. Trad. Dupont - White, Paris,
Guillaumin, 1862, pages 285-286.
V. aussi Edouard Laboulaye. *Le Parti libéral*, 2ᵉ éd. p. 137, 138, 179-180, 214.

nom et de quelque manière qu'elles soient composées, ne pouvant représenter une aristocratie qui n'existe plus, sont dorénavant condamnées à n'être jamais qu'une représentation inutile ou surabondante, puisqu'elles représenteraient ou le chef du pouvoir, ou, sous une forme différente, les mêmes *majorités* à peu près que la Chambre basse. C'est une représentation qui tôt ou tard doit disparaître.

Il est une autre représentation, au contraire, qui n'a jamais été organisée dans notre pays, qui n'y a jamais eu de place dans les constitutions, si ce n'est par les hasards du scrutin de liste, et dont le besoin s'impose tous les jours davantage aux méditations des hommes d'Etat; c'est la représentation des *minorités*.

Beaucoup, qui se préoccupent de faire équilibre par quelque institution représentative à la mobilité et aux caprices de l'élection, ont déjà compris l'inanité des *Chambres hautes*. D'autres, qu'étonne l'ostracisme dont sont frappées les minorités dans presque tous les systèmes électoraux de l'univers, ont imaginé, pour les y introduire, des combinaisons souvent fort ingénieuses (1). Nul encore ne s'est aperçu qu'entre les Chambres hautes qui tendent à disparaître et la représentation des minorités qui demande place, il pouvait y avoir une corrélation, et qu'en remplaçant les unes par l'autre, on possèderait un ensemble électif complet, avec le double avantage d'assurer la représentation du pays entier, et, chez nous, de forcer le suffrage universel à se servir de contrepoids à lui-même.

Trois points se présentent donc naturellement à démontrer : les Chambres hautes ne sont plus en harmonie avec l'état actuel de la France; les minorités ont droit à

---

(1) En Angleterre, notamment MM. Thomas Hare et Henry Fawcett, lord Russell et M. Marshall, dont les systèmes seront étudiés plus loin.

une représentation qu'elles ne possèdent point encore ; il est possible de créer un parlement composé de deux Assemblées en partant de ce double principe et en y satisfaisant.

Les pages que voici ont été, sinon écrites, du moins préparées, au temps où le ministère du 2 janvier donnait à maint d'entre nous l'espérance, si tôt déçue, de la résurrection pacifique de la liberté et paraissait convier les esprits à la discussion des pouvoirs publics. Elles sont publiées dans un temps où il n'est plus question de discuter platoniquement l'amélioration des pouvoirs qui existent, mais où, après l'effondrement des pouvoirs anciens, le pays et l'Assemblée se préoccupent de la prochaine constitution de pouvoirs nouveaux qui n'existent pas encore. Leur actualité est devenue, s'il est possible, plus actuelle que jamais.

I.

Les Chambres hautes.

Il n'appartient qu'aux esprits légers ou aux sectaires de prononcer sans façon la déchéance des Chambres hautes, et quiconque l'érigerait en principe absolu serait justement suspect de haine aveugle pour l'influence que peuvent donner un grand nom, la fortune, le talent ou les services rendus. Il est des peuples qui se trouvent bien de l'existence d'une Chambre haute, soit, comme en Angleterre, parce qu'il s'y trouve encore une aristocratie, soit, comme aux États-Unis, parce que l'organisation générale du pays rend cette Chambre nécessaire ; mais il en est d'autres, et nous estimons que la France est de ces dernières, chez qui une pareille Chambre est superflue, parce que, n'ayant ni castes ni besoins spéciaux auxquels elle corresponde, ces peuples ne peuvent lui faire qu'une place postiche dans leurs constitutions. L'opportunité d'une Chambre haute est donc affaire, moins de principes que de circonstances.

Or, pour la France, il est facile de se convaincre que ce n'est pas dans la création d'une chambre des Pairs ou d'un Sénat que les circonstances doivent lui faire chercher la satisfaction du principe de la répartition du pouvoir législatif entre deux Assemblées. Car le recrutement de ce corps destiné à contrebalancer les mobiles effets du suffrage universel ne pourrait se faire que par des moyens peu nombreux, l'hérédité ou le choix dans une aristocratie ; la nomination des membres par le chef de l'Etat, l'élection enfin par le suffrage à deux degrés ou par des électeurs privilégiés ; et nul de ces moyens n'est pratique, nul n'atteint le but.

L'hérédité ou le choix dans une aristocratie suppose qu'il existe une aristocratie : en France, il n'en existe plus. Il y a chez nous de beaux noms, de grandes fortunes, même de grandes familles ; mais ce sont des unités, non une caste, non une partie organisée de la nation avec des droits et des devoirs à part. Sans privilége d'aucune sorte devant la loi, que représenteraient les membres d'une Assemblée qui n'aurait d'aristocratique que l'apparence ?

Lorsque dans une nation, par l'effet de la conquête ou autrement, il se rencontre une noblesse, même accessible à de nouveaux venus, ainsi qu'il se voyait dans l'ancienne France et qu'il se voit encore en Angleterre, lorsqu'à côté ou au-dessous de cette noblesse s'agite le gros de la nation, il y a deux éléments en présence, qui se distinguent par des signes plus ou moins caractéristiques et qui comportent des *représentations* différentes.

L'un, qui est ordinairement en possession de la richesse immobilière, est conservateur par essence ; il a les qualités et les défauts de sa situation. « On voit à l'heure du danger
» les vieilles familles en possession de la richesse sécu-
» lairement assise et de l'influence politique, déployer une
» incomparable persistance ; elles obéissent à l'héroïque
» esprit du sacrifice. Que les temps redeviennent calmes,
» aussitôt elles se laissent aller à l'étroitesse de vues, à

» l'égoïsme, à la mollesse (1). » L'autre, qui poursuit par le travail la richesse et l'influence, est remuant par nature : il n'a pas la constance et l'unité de vues qui caractérisent le premier ; mais il a sur lui l'avantage de l'activité et de l'initiative. L'un représente le passé, l'autre l'avenir ; l'un l'immobilité, l'autre le mouvement.

Les Assemblées issues de ces deux éléments ont les mêmes caractères et jouent le même rôle : elles se pondèrent et se corrigent réciproquement. En Angleterre, à l'esprit novateur de la Chambre des Communes les Lords imposent le respect de la tradition ; mais si la Chambre haute se refuse à d'utiles réformes, les Communes lui forcent la main. Ainsi s'établit ce que John Stuart Mill appelle *une école permanente de la salutaire habitude de transiger.*

Lorsque, détruisant une iniquité séculaire, nos voisins ont enlevé à l'Irlande le fardeau de l'*Eglise établie*, le bill réunit à la Chambre des Communes une majorité exceptionnelle. Quelques jours plus tard l'Europe entière attendait avec anxiété le vote des lords qu'on disait ennemis du projet. Ils cédèrent à l'opinion publique. Mais il s'était trouvé parmi eux 146 voix ennemies et le bill n'avait triomphé en seconde lecture qu'à **33** voix de majorité.

On a dit de ce vote *inespéré* que c'était une grande *victoire* de l'opinion publique, et cela est vrai ; car il y avait lutte entre les deux tendances représentées par les deux parties de la nation, représentées elles-mêmes par les deux Chambres ; et l'opinion publique, c'est-à-dire l'esprit de mouvement et de progrès, avait légitimement fait céder l'aristocratie, c'est-à-dire l'esprit de tradition, et remporté une *victoire*.

Mais, en France, que seraient une telle lutte et une telle

(1) Th. Mommsen. *Hist romaine*, V. 4.

victoire ? Nous voyons bien un corps électoral qui, plus que nulle part ailleurs, est animé de l'esprit de mouvement et qui le représente, quelquefois même à l'excès. Où est l'aristocratie qui représentera l'esprit de tradition et de quel droit ?

Même avant la Révolution, et peu à peu depuis les premières années du XIVe siècle, la noblesse par de successifs anoblissements s'était ouverte à la roture ; cependant, elle était demeurée un corps distinct, et dans les Etats-Généraux de 1789 elle eut, pour peu de temps il est vrai, une Assemblée distincte. Mais l'abolition des priviléges et l'établissement de l'égalité civile, sans faire disparaître définitivement le nom ni la forme de la noblesse, l'ont détruite comme partie organisée de la nation. L'aristocratie de naissance n'a même pas fait place à une aristocratie territoriale, car la richesse immobilière a commencé à se morceler vers la même époque et se morcèle tous les jours davantage, tant par suite de la loi sur les successions que par l'augmentation du bien-être général et par l'instinct qui pousse les hommes prévoyants à réaliser leurs économies en immeubles. Quant à la richesse mobilière, elle est trop flottante et trop aléatoire pour pouvoir jamais être le fondement d'une aristocratie qui ait une durée et des traditions.

Ni la naissance, ni la richesse, dans l'état actuel de la société française, ne peut par elle-même, si ce n'est au moyen d'une convention idéale et précaire, former un corps constitué d'où sorte une Chambre modératrice. Si la tentative en était faite et qu'il surgît quelque menace de conflit, comme dans l'affaire du bill de l'*Eglise établie*, au nom de quels principes et de quelles traditions ce corps et cette Chambre prétendraient-ils entrer en lutte avec les exigences de l'opinion ? La question serait alors de savoir, non pas si l'opinion publique remporterait une grande *victoire*, mais s'il y aurait une révolution. Une Chambre aristocratique est une anomalie dans un pays démocratique, et, loin d'être une cause d'apaisement, peut devenir une cause de crises dangereuses.

La nécessité reconnue de diviser le pouvoir législatif entre deux Chambres et l'impossibilité de recourir à une aristocratie pour composer la Chambre haute ont contraint les auteurs de constitutions à user d'expédients. Le plus simple, celui dont nous avons vu la pratique exclusive pendant quarante ans depuis le jour où la pairie a cessé d'être héréditaire, consiste à abandonner la nomination des pairs ou des sénateurs au chef du pouvoir exécutif, Roi, Empereur ou Président.

Ce système, qui dispense d'imaginer des combinaisons électorales fatalement arbitraires, est arbitraire lui-même et présente des inconséquences qui frappent l'esprit dès l'abord. La première et la plus grave c'est qu'il remet au pouvoir exécutif la composition d'une partie notable du pouvoir législatif et qu'il viole ainsi, non sans dangers, le principe de la séparation des pouvoirs : au temps où le nombre des Pairs était illimité, il est arrivé que certains ministères en nommaient de nouveaux par *fournées* pour assurer le succès de projets de lois qui paraissaient menacés. Aujourd'hui, la limitation du nombre empêcherait cet inconvénient ; mais l'anomalie serait plus grande encore de donner au Président, élu par la première Chambre, le droit de nommer la seconde, qui aurait pour mission de la contrôler.

Cet enchevêtrement de pouvoirs a, du reste, une consé-quence immédiate : la seconde Chambre, qui fait partie de la Représentation nationale, ne représente personne ; elle ne représente pas le pays, qui ne lui a donné aucun mandat, ou du moins elle ne le représente qu'en vertu d'une lointaine fiction, à savoir que, composée d'hommes considérables par leur nom, leurs talents ou leurs services, elle est comme la quintessence du pays, fiction qui ne peut lui donner qu'un empire médiocre sur l'opinion ; elle ne représente pas non plus le pouvoir exécutif, qui, étant par lui-même un tout, entier et indépendant, n'a nul besoin d'être représenté.

Si, pour la bonne gestion des affaires du pays, il suffisait qu'il y eût une seconde Chambre quelconque, s'il fallait donner simplement satisfaction à une théorie spéculative, peu importerait que les pairs ou sénateurs, nommés de la sorte, ne fussent qu'une représentation nominale. Le principe sauvegardé, tout serait dit.

Mais il n'en va pas ainsi ; lorsqu'une Chambre, quelle que soit la valeur de ses membres, ne représente ni par l'hérédité ni par l'élection une partie des citoyens, elle est sans racines dans le pays, n'a aucune influence sur ses destinées et aux jours de troubles s'évanouit misérablement. Peut-on comparer avec la Chambre des Lords la Chambre des Pairs de la monarchie de Juillet ou le Sénat du second Empire ?

Faute d'aristocratie, nos deux dernières Chambres hautes, le Sénat notamment, se composaient : « des éléments » qui, dans tout pays, créent les influences légitimes : le » nom illustre, la fortune, le talent et les services rendus (1). » Si le principe avait été appliqué à la lettre, la Chambre élue aurait été privée, au profit de l'autre Assemblée, de toutes les illustrations nationales. Mais l'appréciation « des » éléments qui créent les influences légitimes » est arbitraire, surtout en politique, et beaucoup d'hommes illus-

____

(1) **Préambule de la Constitution des 14-22 janvier 1852.**

tres restaient à l'écart, même dans les régions que la politique n'atteint pas : Ingres était sénateur, Delacroix et
Auber ne l'ont jamais été. La Chambre des Pairs et le
Sénat cependant n'étaient pas des corps vulgaires ; la plupart de ceux qui en firent partie étaient des hommes considérables, souvent des hommes supérieurs ; or quelle
trace ont-ils laissée ?

L'auteur de la Constitution de 1852 se flattait que le
Sénat ne serait plus, « comme la Chambre des Pairs, le
» pâle reflet de la Chambre des Députés, répétant, à quel-
» ques jours d'intervalle, la même discussion sur un autre
» ton (1). » Cet espoir a été trompé : la même cause eut les
mêmes effets.

Longtemps il fut possible impunément de restreindre la
publicité des débats du Sénat, et, lorsqu'ils devinrent publics,
on les suivit avec un intérêt de curiosité. C'étaient bien
les affaires de l'Etat qui étaient discutées, et sans doute l'on
estimait la valeur personnelle des sénateurs ou de certains
d'entre eux ; mais on sentait que ce n'étaient pas des mandataires parlant au nom de leurs mandants, et d'avance il
était certain qu'ils ne résisteraient pas à la volonté de
l'opinion, parce que leur résistance n'aurait pas eu de point
d'appui. Quand il fut question des réformes libérales, le
Sénat, gardien de la Constitution, pouvait s'y opposer ; la
majorité des sénateurs notoirement y était peu sym-
pathique : ce fut à peine si elles furent l'objet d'une
discussion de forme ; ce qui en Angleterre aurait été une
lutte disputée, en France n'était qu'une déroute, tant il
est vrai que le Sénat se savait impuissant : ce n'était
pas un maître, mais un conseil.

Aussi, quel sort était le sien ? Les députés, las d'occuper

(1) Préambule.

un poste militant, y prenaient leurs invalides, et, lors des élections de 1869, l'évêque de Bayonne, en recommandant à son clergé un candidat au siége de M. Larrabure, récemment nommé sénateur, disait que celui-ci ne se présentait plus *à cause de ses besoins de santé et d'un repos bien légitime.*

Au moment de la tentative de parlementarisme qui marqua la fin de l'Empire, le Sénat cessa d'être le refuge des ministres dépossédés et ceux qui espéraient reconquérir un portefeuille abandonnèrent le palais du Luxembourg et briguèrent une place au Corps législatif, devenu, suivant l'expression de l'Empereur, *le grand corps de l'Etat* (1). M. de Forcade la Roquette avait besoin de la circonscription de Marmande, occupée alors par M. de Richemont; l'honorable député fut fait sénateur.

Une Assemblée réduite à un tel rôle n'est pas une *rouerie* comme Napoléon Ier (qui s'y connaissait cependant) le disait avec trop de sévérité (2), mais elle est une académie politique; sans action sur la vie publique, inhabile à rien faire pour la sauvegarde des institutions et du pouvoir dont elle tient tout, au jour des révolutions elle s'engloutit avec ce pouvoir dans une perte commune et disparaît sans bruit, comme un accessoire qui n'a plus de raison d'être. Au 24 février et au 4 septembre la foule envahit la Chambre des Députés et le Corps législatif; elle n'alla ni à la Chambre des Pairs ni au Sénat. Qu'y aurait-elle détruit ? On ne tue pas les morts.

La double expérience de 1848 et de 1870 paraît avoir eu parmi nous de décisives conséquences et avoir inspiré

(1) Réponse à M. Schneider le 1er janvier 1870. Il est à remarquer que, dans la lettre écrite quelques jours auparavant par l'Empereur à M. Emile Ollivier, pour le charger de former un cabinet, le Sénat n'était même pas nommé.

(2) Montholon (1847) I, 344.

de salutaires quoique incomplètes réflexions au ministère du 20 novembre. M. le duc de Broglie, dans ses déclarations sur la seconde Chambre à la Commission des trente, sans renoncer entièrement à la désignation des sénateurs par le Président de la République (il est difficile d'abandonner d'un seul coup de vieux errements, même mauvais, quand ils sont agréables), n'en retient pour lui qu'une partie, et en définitive se rallie au troisième système de formation des Chambres hautes, l'élection.

Quand on veut deux Chambres, dont la seconde soit une Chambre haute, quand on est d'ailleurs convaincu que l'hérédité n'est plus possible et que la nomination par le chef de l'Etat n'est pas pratique, l'élection est la suprême ressource. Les états républicains y recourent naturellement, et déjà la libérale monarchie belge a un Sénat élu. C'est une satisfaction à l'esprit moderne, c'est un progrès sans doute; mais la logique y trouve-t-elle son compte et la duplicité de la représentation nationale n'est-elle pas plus apparente que réelle? Au lieu de deux représentations, n'y a-t-il pas le plus souvent la même représentation deux fois répétée?

Le dédoublement du pouvoir législatif a pour principale cause le danger que, dans une Chambre unique la majorité ne devienne ou méfiante d'elle-même ou oppressive. Par le contrôle d'une autre Assemblée, on veut la défendre contre sa propre faiblesse ou contre ses entraînements. Le résultat est médiocrement atteint si, la source étant la même, la majorité dans les deux Chambres est identique; car deux majorités faites sur un même modèle ne sont pas le contrôle, mais la copie l'une de l'autre.

L'identité est manifeste quand les deux élections sont faites par les mêmes électeurs et de la même manière.

Si les élections se font ensemble, il est rare que la majorité qui s'est formée sur le nom d'un député se modifie à l'instant pour se reformer sur le nom d'un sénateur de parti différent, et, comme il en est ainsi dans toutes les circonscriptions électorales, les deux Chambres sont composées à peu près de même l'une que l'autre (1) ; il s'ensuit que la surveillance de l'une sur l'autre, malgré l'avantage des doubles discussions, est factice, puisque, en supprimant les mandataires par la pensée, on reconnaît que ce sont les mandants qui se surveillent eux-mêmes, sans garanties pour les minorités. Si, au contraire, les élections pour les deux Chambres se font à deux époques diverses et que la même région nomme un député et un sénateur de partis opposés, la situation est encore pire, parce qu'il est évident que le premier élu, qui n'est pas arrivé au terme de son mandat, n'est cependant plus en possession de la majorité, chose grave dans un système où les majorités seules ont le droit d'être représentées.

Ces inconvénients sont tellement sensibles que presque partout on a renoncé à la similitude absolue des modes d'élection pour les deux Chambres et inventé des corps électoraux particuliers pour les Chambres hautes. La difficulté que l'on croyait avoir résolue, on l'a simplement tournée : la bizarrerie d'une double représentation des mêmes majorités n'a pas disparu, mais a été atténuée, ou, plus exactement, dissimulée

A-t-on recours au suffrage à deux degrés ? Dans un pays de suffrage universel comme le nôtre, il est probable que les élections à la Chambre haute seront moins accentuées que les élections à la Chambre basse ; sup-

(1) John Stuart Mill, p. 284.

posons même qu'elles seront plus sages. Au fond cependant la majorité sera la même, ou peu s'en faut : les électeurs du premier degré auront en effet nommé les électeurs du second degré à leur image. Quelques personnalités recommandables qui ne seraient peut-être pas entrées à la Chambres des Députés, prendront place au Sénat ; il y aura de la sorte des satisfactions personnelles ou locales ; mais, en définitive, le vice fondamental subsistera, l'identité d'origine des deux majorités.

La Commission des lois constitutionnelles a donc eu raison de repousser le système du suffrage à deux degrés, malgré ce qu'il offre d'attrayant. Mais a-t-elle mieux fait en adoptant le système des catégories d'électeurs et a-t-elle réussi à constituer un électorat d'où puisse sortir une majorité à la fois différente de celle que produit le suffrage universel et capable de lui servir de digue ? Il ne faut pas que la préoccupation avouée de créer une Chambre en dehors du suffrage universel, sinon contre lui, fasse supposer qu'il suffit d'organiser habilement une Chambre pour organiser une majorité et pour compléter la Représentation.

Outre que le peuple français est d'un tempérament à ne pas supporter sans peine le privilége, quel qu'il soit, en matière civile ou politique (premier obstacle qui rendrait le Sénat que l'on rêve impuissant en le rendant impopulaire), le but médité ne serait même pas rempli. A moins de réserver à un seul parti le nouvel électorat, œuvre impossible, il n'est pas douteux que dans le corps électoral trié la proportion des partis, sauf des différences généralement peu appréciables, serait la même que sur les listes du suffrage universel. Quelques populations ouvrières, dont l'opinion est plus aiguë que la moyenne, ne participeraient pas à la formation de la haute Chambre et celle-ci ne verrait *peut-être* pas certaines élections acerbes ou excentriques ; mais ce sont là des exceptions, qui veulent être envisagées comme telles, et en somme, quel que soit le critérium adopté, on n'empêchera jamais que parmi les propriétaires, les négociants, les hommes qui exercent des professions libérales, parmi les plus haut placés qui seraient l'objet de la faveur des lois, comme parmi les autres et dans des proportions peu différentes, il n'y ait des monarchistes et des républicains, depuis le légitimiste de droit divin jusqu'au socialiste. Un Sénat élu par des catégories se compose presque toujours d'éléments semblables à ceux de la Chambre basse ; le mode d'élection diffère, mais les minorités n'y gagnent rien.

Simplement ou par combinaison entre les divers systèmes, toutes les Chambres hautes se rattachent à l'un des types que nous venons d'étudier, tous condamnés en France à l'inutilité et à l'impuissance. On s'est obstiné jusqu'à présent à vouloir que la seconde Chambre fût une Chambre haute, c'est-à-dire qu'elle fût la première et qu'elle se recrutât en conséquence, sans réfléchir qu'on la vouait à la stérilité. N'est-il donc pas possible d'imaginer une Chambre qui soit véritablement la seconde ? N'est-il donc pas dans la population des éléments qui ne sont pas représentés et à qui convienne cette seconde Chambre ? Sans témérité, nous croyons qu'il y a là quelque chose à faire et que la démonstration en est facile.

II.

Les Minorités.

Les Assemblées élues ne sont qu'une *représentation*. Dans les sociétés contemporaines, dans celles surtout qui donnent à tous les citoyens le droit de vote, c'est le peuple lui-même qui exprime les lois auxquelles il doit se soumettre à l'avenir ; mais, comme tous les membres d'un même peuple ne sont pas assez instruits et qu'il est matériellement impossible de les réunir, même en comices locaux, pour en délibérer, un certain nombre d'hommes choisis par leurs pairs sont chargés de faire les lois à leur place.

Il est manifeste que cet expédient doit représenter aussi exactement que possible ce qui se passerait s'il n'était pas nécessaire d'y recourir. Si l'on se figure en esprit un peuple légiférant, on y voit des hommes qui pensent d'une manière, d'autres moins nombreux qui pensent différemment, une majorité et une minorité. L'opinion des uns doit l'emporter sur celle des autres et s'imposer ; mais, tant que la loi n'est pas faite, tous ont également le droit de parler et de lutter pour faire triompher leur façon de voir (1). Tel est le tableau que devrait reproduire une représentation bien organisée ; et cependant on croit avoir assez fait quand la majorité seule est représentée ; il n'est pas un pays au monde où la minorité le soit, si ce n'est par hasard.

Parce que « l'opinion dominante varie suivant les lo- » calités » et que « l'opinion qui est en minorité quelque » part, obtient la majorité ailleurs (2), » parce qu'il y a ainsi dans toute assemblée élue une majorité et une minorité, l'on s'imagine que tout le monde est représenté, et l'on oublie que dans chaque circonscription il existe une minorité qui reste sans représentation aucune. Il s'ensuit que tout est remis aux mains d'*une majorité de la majorité*, qui peut n'être en fait qu'une minorité du pays.

« Supposons que, dans un pays gouverné par le suf- » frage égal et universel, il y ait une élection contestée » dans chaque collége électoral et que dans chaque élec- » tion une petite majorité l'emporte. Le parlement ainsi » formé représente un peu plus que la simple majorité » de la nation. » Si une loi importante y est votée à une faible majorité, il est probable que la majorité vé- ritable du pays y est hostile, puisque près de la moitié des électeurs a voté contre les députés qui la font et n'est pas représentée, et que parmi les autres électeurs, « la moitié à peu près a choisi des représentants qui ont » voté contre la mesure (3). »

Le droit de discussion des minorités, au lieu de sub- sister parallèlement au droit de la majorité, est réduit à un moment unique, celui du scrutin. Le pays cependant

(1) Cette fiction est possible pour chaque circonscription électorale en particulier.
(2) John Stuart Mill, *op. cit.* p. 159.
(3) Ibid. p. 158.

« a tout intérêt à ce que la majorité actuelle soit rap-
» pelée journellement au respect d'une minorité qui dans
» l'avenir peut s'élever au rang de majorité et avoir
» besoin d'être contenue à son tour. Les hommes sont
» d'autant plus portés à la tyrannie, quand ils dispo-
» sent du pouvoir, qu'ils en ont souffert quand ils étaient
» plus faibles (1). »

Devant les tribunaux il semblerait barbare que la
loi permît de condamner définitivement un homme qui
n'a pas été entendu. Quand il s'agit de faire la loi, il
paraît naturel que l'opinion de la minorité soit définitivement repoussée sans avoir pu se faire entendre. De
ce que la minorité ne doit pas faire échec au plus
grand nombre, on conclut par une singulière logique
qu'elle doit disparaître devant lui, et, J. Stuart Mill le re-
marque justement, il ne vient pas à l'esprit des hommes
« qu'il peut y avoir un milieu entre donner au plus
» petit nombre le même pouvoir qu'au plus grand, ou
» bien effacer complètement le plus petit nombre (2). »
A quoi l'on objecte qu'un candidat, une fois élu, n'est
pas seulement le député de ceux qui lui ont donné leur
voix, mais qu'étant le député de la circonscription, il
en représente tous les électeurs, même ceux qui lui ont
refusé leur suffrage, et que par conséquent nul ne peut
se plaindre de n'être pas représenté. C'est une argutie
et une pétition de principes; car, de ce qu'en fait les
électeurs de la minorité sont comptés pour rien après
l'élection et doivent se contenter d'être représentés *in
globo* par l'homme dont ils n'ont pas voulu, il ne suit

(1) A. de Tocqueville, *op. cit.* II, 129.
(2) p. 157. « Parce que la majorité doit prévaloir sur la minorité, faut-il que
» la majorité ait tous les votes, que la minorité n'en ait aucun ? »

nullement que ce système de représentation forcée soit satisfaisant ni qu'il soit impossible de rêver mieux.

Si les minorités étaient toujours insignifiantes, leur annihilation, sans être plus légitime, n'aurait pas de conséquences saillantes, et l'on pourrait n'en pas être frappé. Mais, dans un pays divisé comme le nôtre, où les opinions disposent presque partout de forces qui se balancent, les résultats sont choquants. Pour être représenté, il faut avoir le bonheur aléatoire d'appartenir à une opinion qui dans la circonscription, déterminée souvent d'une manière capricieuse, se trouve être la majorité, au moins apparente ; sinon, en quelque nombre que soient les dissidents, la loi les tient pour n'existant pas, tant et si bien que non-seulement des minorités énormes restent durant des années sans représentants, mais que, phénomène encore plus étrange, à côté de majorités minuscules qui sont représentées, parce que chacune en son endroit est *la majorité*, on voit des masses de votants, parfois doubles d'importance, qui ne le sont pas parce qu'elles sont des minorités.

Quelques exemples empruntés aux élections générales de 1869, les dernières qui se soient faites sous le régime du scrutin individuel, feront reconnaître que nous n'imaginons rien et que le droit exclusif des majorités, outre l'anéantissement brutal d'une foule de voix, a l'inconvénient de créer entre les diverses circonscriptions des inégalités injustifiables.

Chacun sait qu'en toute sorte d'élections la majorité absolue des suffrages exprimés est nécessaire pour être élu au premier tour de scrutin, mais que la majorité relative suffit au second tour. Les 6 et 7 juin 1869, au second tour de scrutin, dans l'une des circonscriptions du Finistère, M. de Kerjégu était élu député par 7,661 voix contre 5,731 données à M. Goury du Roslan et 5,011 à M. de Gasté, soit par 7,661 voix contre 10,742. Au même scrutin de ballotage, dans la deuxième circonscription de Seine-et-Marne, M. de Jouvencel était élu par 10,454 voix contre 9,167 à M. de Jaucourt et 6,889 à M. Renan, soit par 10,454 contre 16,056. Voilà deux élections où, sans parler des abstentionnistes, il est clair que la majorité légale réduisait à rien des minorités respectables, et où cependant la majorité n'était telle qu'en vertu d'une fiction ; mais il est vrai qu'il s'agit de deux des plus faibles majorités de France, qu'il s'agit aussi d'un ballotage, et qu'il ne faut pas en généraliser la portée. Malheureusement, ce ne sont pas les seuls exemples ; que dire de ceux-ci ?

M. Esquiros fut élu député dans les Bouches-du-Rhône par 11,242 suffrages, M. Giraud dans le Cher par 11,984, M. Laugier de Chartrouse dans les Bouches-du-Rhône par 12,359, M. Gambetta dans le même département par 12,865, etc. Mais dans la Loire M. César Bertholon succombait avec 14,131 voix, dans la Côte-d'Or M. Lombart avec 14,287, en Seine-et-Oise M. Rendu avec 14,541, à Paris M. Raspail avec 14,684 et M. Rochefort avec 14,784, dans la Meurthe M. Viox avec 15,088, dans la Manche M. de Tocqueville avec 15,809, et dans l'Yonne M. Frémy avec 17,369. Que les premiers fussent députés parce que leurs électeurs, bien que peu nombreux, étaient majorités, c'était parfait ; mais était-il donc nécessaire que les minorités sensiblement plus nombreuses, qui avaient voté pour les seconds, fussent absolument écartées ? Il était naturel que les 18,288 électeurs du Doubs, qui avaient fait choix de M. Ordinaire, puisqu'ils étaient majorité, primassent les 17,825 qui lui avaient préféré M. de Conegliano, et que M. Desseilligny dans l'Aveyron passât avec ses 18,414 voix (1) avant M. Cibiel, qui en avait obtenu 18,037. Mais la raison se refuse à comprendre pourquoi des majorités de quelques centaines de voix tout au plus privaient totalement pour six années (sauf l'éventualité imprévue du 4 septembre) de pareilles minorités.

L'iniquité de ces résultats n'atteint pas seulement les électeurs qui en souffrent ; elle peut être pour le pays une cause de danger : si dans le courant d'une législature la composition des partis s'est grandement modifiée, les élections générales sont accompagnées de modifications soudaines dans la composition de la Chambre ; et comme les nouvelles minorités ne sont pas plus représentées que les anciennes ne l'étaient, rien ne compense ces modifications, qui ont véritablement le caractère d'une crise. Depuis le coup d'Etat jusqu'à l'élection de M. Emile Ollivier, le premier des *Cinq*, en 1857, il n'y eut pas un seul député d'opposition dans le Corps législatif, quoiqu'il y ait toujours eu des opposants par centaines de mille, et, à cette date il sembla que l'opposition ressuscitait. Les élections de 1863 accentuèrent le mouvement qui se continua à grands pas pendant toute la législature ; mais les minorités n'ayant pas de représentation dans le Corps législatif, le mouvement se fit en dehors de la Chambre constamment distancée ; et les élections de 1869, qui ouvrirent la porte à plus de quatre-vingts députés nouveaux et furent immédiatement suivies de l'interpellation des 116, constituèrent une transition si brusque, qu'elle nous apparaîtrait aujourd'hui comme une révolution sans les événements graves qui l'ont bientôt fait oublier et *qui sont peut-être la conséquence de cette secousse subite et non mitigée.*

(1) Réduites à 18,400 par le bureau du Corps législatif.

Il faut rendre à notre époque cette justice qu'elle s'est souvent préoccupée du sort fait aux minorités dans les élections, et que, si elle a toujours reculé devant la représentation distincte de ces mêmes minorités, elle a du moins à plusieurs reprises tenté de leur faire une place dans les Chambres électives. Le scrutin de liste n'est au fond qu'une invitation, faite aux divers partis, de s'entendre pour donner à chacun d'eux dans la liste départementale de députés une place proportionnée au nombre de voix dont il dispose dans le département. Mais les hommes sont des hommes, et en matière politique ils sont peu portés aux concessions réciproques ; aussi l'opinion qui se sent en majorité cède communément au désir de faire triompher son personnel à l'exclusion des autres et le but du scrutin de liste est manqué, Il assure rarement une représentation à la minorité ; mais souvent il bouleverse la majorité par des élections partielles diamétralement opposées à la signification de la liste précédemment élue dont elles sont la condamnation.

C'est en Angleterre qu'il faut aller chercher les plus curieux systèmes, d'ailleurs purement théoriques, qui aient été inventés pour introduire les minorités dans la Représentation. Nous ne rappellerons que les deux plus connus, qui peuvent servir de types.

Le premier et celui de MM. Thomas Hare et Henri Fawcett (1), extrêmement ingénieux, mais impraticable, et qui fusionne la minorité avec la majorité plus encore qu'il ne lui attribue une représentation spéciale. Etant

(1) M. Hare a publié, en 1859, un *Traité sur l'élection des Représentants* dont les idées ont été reprises par M. Fawcett dans une brochure en 1860, sous le titre : *Le Bill de réforme de M. Hare simplifié et expliqué.* V. l'exposé complet de ce système dans J. Stuart Mill, *op. cit.* p. 165-168 et la critique élogieuse qu'il en fait (ibid. p. 168-175).

donné le nombre des votants et le nombre des siéges à répartir, on fait une moyenne qui est mathématiquement le nombre des suffrages qu'un candidat doit obtenir pour être élu. Peu importe que ce nombre soit formé de suffrages réunis dans une seule circonscription ou de votes épars dans plusieurs colléges électoraux, même à travers le pays entier. Les élections se font bien par colléges séparés, mais tout électeur est libre, s'il ne se soucie pas d'être représenté par l'une des *cranges pourries* de la localité, de donner son vote à un candidat qui s'est présenté dans un collége quelconque et d'assurer ainsi le succès d'un candidat qui sans cet apport aurait pu rester en minorité dans son collége.

En outre, l'électeur a le droit de porter sur son bulletin plusieurs noms dans l'ordre de ses préférences ; et, comme il ne doit être compté à chaque candidat que juste le nombre de voix qui est nécessaire pour être élu, si le suffrage exprimé en première ligne se trouve inutile celui qui vient en seconde ligne peut être employé et ainsi de suite. Pour cela, les bulletins sont transmis à un bureau central qui compte les votes, les *hiérarchise par premier, deuxième, troisième,* etc. et les distribué, au besoin par le tirage au sort.

Ce système n'est pas à dédaigner. Il assure la représentation de toute minorité ayant assez de voix pour mériter d'être prise en considération et permet à chaque électeur de n'être plus nominalement représenté par un homme dont il n'a pas voulu ; sans empêcher les influences locales d'arriver au Parlement, il leur en ôte le monopole. Par ce moyen des hommes de mérite sans fortune, en réunissant des voix dans tout le pays, se verraient ouvrir une porte à la représentation et il en résulterait que la majorité, stimulée par les candidatures multipliées d'hommes intelligents, serait obligée de se choisir des candidats plus capables.

Mais ces avantages sont compensés par d'insurmontables inconvénients, dont le plus grave est que ce système est impossible à mettre en pratique. L'éparpillement des votes, leur classification par premiers, deuxièmes, etc. le dépouillement par un bureau central et l'attribution aux candidats des suffrages de diverses catégories (1) sont choses que les théoriciens peuvent accepter et qui à la rigueur seraient applicables dans un Etat peu étendu, mais qui sont incompatibles avec l'organisation d'un grand peuple. Ce seraient des conflits sans nombre et sans issue.

Pour donner aux minorités une représentation, MM. Hare et Fawcett vont trop loin, puisqu'ils les mêlent avec les majorités, au point qu'il n'est plus possible de les distinguer les unes des autres. Quoique le député ne représente plus *les briques et le mortier de la ville*, mais *un corps de commettants unanimes*, c'est une illusion de croire que l'union est devenue plus intime entre l'électeur et l'élu ; car, après le travail de répartition des suffrages de différents degrés par le bureau central (*à fortiori* s'il y a tirage au sort), beaucoup d'électeurs ne savent même pas par qui en définitive ils sont représentés. Au surplus, comment espérer un échange d'idées entre le représentant et ses électeurs disséminés aux quatre points cardinaux ? Enfin, dans quelle impasse n'est-on pas en cas de vacance d'un siége par mort, démission ou autrement ? Si le député a été envoyé à la Chambre par des voix agglomérées dans une seule circonscription, il est simple d'appeler cette circonscription à une élection nouvelle.

(1) Cette dernière opération présente d'insolubles difficultés qu'il faudrait tourner. au moyen de l'*expédient très-passable*, mais très-long du tirage au sort.

Mais, s'il n'a réuni le contingent légal qu'au moyen de voix dispersées, le problème est insoluble et le siége devra rester vide.

Plus pratique serait le système de lord John Russell perfectionné par M. James Garth Marshall. Dans un bill de réforme lord Russell avait proposé de créer des colléges électoraux dont chacun nommerait trois députés, les électeurs ayant le droit de voter seulement pour deux, c'est-à-dire de donner deux de leurs suffrages au même candidat. M. Marshall, plus conséquent, voudrait que l'électeur pût les donner tous trois au même. Ainsi, toute minorité qui dans un collége aurait à sa disposition le tiers des voix, pourrait, en s'astreignant à une certaine discipline, obtenir avec certitude un siége sur trois.

Ici le mécanisme n'est pas compliqué et le résultat est appréciable ; mais, comme par l'autre système, majorités et minorités, réunies dans une même Chambre, sont confondues. Défaut plus grave, toute minorité qui ne compte pas au moins le tiers des électeurs ou qui n'est pas étroitement disciplinée, reste sans représentation. Quant aux minorités qui sont parvenues à faire élire un de leurs hommes, si elles le perdent, elles ne peuvent songer à le remplacer dans son siége fatalement acquis à un adversaire ; dans les élections partielles, les majorités sont certaines de reconquérir sur les minorités les siéges obtenus par celles-ci aux élections générales et devenues vacantes pendant la législature.

Les novateurs anglais, malgré les mérites de leurs systèmes, ne procurent aux minorités qu'une représentation confuse, incomplète et soumise à des chances qui la rendent la plupart du temps insuffisante, en laissant non représentées, soit immédiatement soit par l'effet des renouvellements partiels, des minorités considérables.

L'inefficacité de ces inventions tient au mélange des majorités et des minorités dans une Assemblée unique, mélange qu'il leur était difficile d'éviter. En Angleterre, où il existe une aristocratie constituée, l'une des deux Chambres lui est réservée et cette Chambre, par son caractère aristocratique, est nécessairement placée en dehors de toutes·les combinaisons destinées à faire aux minorités une place dans le Parlement. Les expériences ne peuvent être tentées que sur l'une des deux Chambres, celle des Communes; de là l'écueil auquel se heurtent tous les systèmes.

Mais en France, où il n'est ni aristocratie ni Chambre aristocratique, où la seconde Chambre est à faire, où son organisation future peut être, et est tous les jours, l'objet de dissertations et d'expériences encore théoriques, le même obstacle n'existe pas et il est permis de se demander si le dédoublement du pouvoir législatif n'offre pas aux auteurs des lois constitutionnelles l'occasion de donner à la fois satisfaction aux majorités et aux minorités, non plus en les confondant, mais en les séparant, et d'assigner aux unes et aux autres la représentation qui leur convient. C'est ce qu'il nous reste à rechercher.

III.

La seconde Chambre.

Il est au nombre des idées reçues que la seconde Chambre doit avoir les mêmes attributions que la première ou des attributions plus hautes ; c'est une erreur. La seconde Chambre doit surveiller les décisions de la première et les contrôler, pour empêcher qu'elles ne dégénèrent en tyrannie ; mais le contrôle ne suppose pas l'entrave. Le but est donc dépassé si l'Assemblée élective, composée des représentants de toutes les majorités du pays, est dominée par un autre corps. Il convient que la seconde Chambre soit vraiment la seconde et que par son origine, ses droits, ses procédés, elle ait en face de la première une situation conforme aux besoins qui en exigent l'établissement.

Il nous est démontré que l'existence d'une seconde Chambre est une des conditions de la liberté, que les Chambres hautes ne sont plus d'accord avec notre état politique et tendent à disparaître, qu'enfin les minorités, qu'il est inique de laisser en dehors de la Représentation nationale, en demandent l'entrée. La solution du problème est la conséquence logique de ces prémisses : tant que l'on ne consacrera pas résolument la seconde Chambre aux minorités, on tournera dans un cercle vicieux.

En un mot le Parlement devrait être composé de deux chambres, l'une formée, comme aujourd'hui dans presque tous les systèmes électoraux, des représentants des majorités, l'autre des représentants des minorités, avec les différences d'attributions que comporte la différence des origines. L'idéal serait de donner un siége dans la seconde chambre à toute minorité qui aurait réuni un nombre de voix méritant d'être pris en considération ; mais pour éviter des complications et pour que la seconde chambre ne soit pas plus nombreuse que la première, il suffit d'assurer la représentation de la minorité la plus forte dans chaque collége électoral.

Or voici, dégagé de toute question de détail, un système qui assure cette représentation : Le territoire français est divisé en circonscriptions électorales dont le nombre et les limites sont fixés par la loi. Dans chaque circonscription chaque électeur vote pour un seul des candidats, celui des candidats qui obtient le plus grand nombre de voix est élu député à la première Chambre, celui qui en obtient le plus après lui est élu député à la seconde Chambre. Au premier tour de scrutin, nul ne peut être élu député à la première Chambre s'il n'a réuni la majorité absolue des suffrages exprimés et un nombre de voix égal à une quotité des électeurs inscrits fixée par la loi ; nul ne peut être élu député à la seconde Chambre s'il n'a réuni un nombre de voix égal à une quotité moindre, mais également fixée par la loi. Si au premier tour de scrutin les deux premiers candidats n'ont pas réuni le nombre de voix exigé, ou si l'un des deux seul ne l'a pas atteint, il est procédé à un second tour de scrutin pour

tous les deux ; au second tour de scrutin les deux majorités relatives sont suffisantes. En cas de mort ou de
démission de l'un des deux représentants de la même
circonscription, l'autre député conserve son siége jusqu'à
la convocation des électeurs ; mais il est soumis à la
réelection : les démissions des députés de la seconde
Chambre ne peuvent avoir lieu qu'à certaines conditions
ou moyennant certaines garanties.

Le principal avantage de ce système, c'est que par la
représentation dorénavant certaine, sinon de toutes les
minorités, au moins de la plus imposante dans chaque
circonscription, il dispense de recourir à des expédients
arbitraires ou dangereux pour mutiler le suffrage universel, sous couleur d'en modérer les abus. Il est aujour-
d'hui passé à l'état de lieu commun que le suffrage
universel est l'écrasement légal des capacités et des intérêts
par le nombre, de la qualité par la quantité, et, en fait,
la représentation exclusive *de la majorité en nombre*
autorise les minorités vaincues à se considérer comme
les dépositaires des forces intellectuelles du pays éliminées
par la force matérielle, qu'elles tentent d'éliminer à leur
tour. Concilier ces forces diverses, dont l'ensemble est
en définitive la vie de la nation, demander au suffrage
universel de tirer de lui-même l'élément qui doit le
modérer, à côté de chaque élection en placer la contre-
partie avec discrétion et non sur le pied de l'égalité, c'est
chose qui nous paraît plus pratique que la lutte ouverte
ou dissimulée contre un principe électoral qui est passé
dans les mœurs et dont les résultats en moyenne n'ont
pas eu d'autre défaut que d'être incomplets.

Avant l'élection, les minorités ne se sentent plus décou-
ragées d'avance par la perspective d'une défaite absolue
et ne désertent pas le scrutin ; les majorités, prévenues

que la lutte sera plus vive, s'y préparent avec soin et l'engagent sur des noms mieux choisis. L'élection faite, les élus des majorités se sentent sous le contrôle incessant de leurs adversaires entrés à la seconde chambre, et, comme la sanction de ce contrôle se rencontrera au plus tard le jour des élections nouvelles, il s'établit entre les deux élus de la même circonscription une rivalité de zèle qui profite à l'État.

Plus profitable encore serait pour l'État l'accès à la seconde Chambre d'hommes supérieurs que dans toutes les élections le caprice des majorités laisse à la porte des assemblées législatives et que des minorités souvent considérables sont impuissantes à y faire entrer. Les mêmes hommes qui peut-être, nommés sénateurs par le pouvoir exécutif ou élus par des catégories privilégiées d'électeurs, se sentiraient sans action sur l'esprit public, parce qu'ils n'y auraient qu'un appui nul ou fictif, ces mêmes hommes, envoyés à une assemblée même secondaire par un groupe d'électeurs, y prendraient vite l'ascendant que donne la valeur personnelle. et de là, comme d'un vestibule naturel, parviendraient souvent à la première Chambre.

Mais il est d'autres hommes auxquels la Chambre des minorités faciliterait, pour le bien des affaires publiques, les abords du pouvoir législatif, qui sans elle leur seraient interdits ou plus difficiles ; ce sont les hommes nouveaux. Ceux qui, sans fortune, ne se soucient pas de se signaler à l'attention par des actes ou des doctrines extrêmes, sont obligés, faute de pouvoir faire leurs preuves, de délaisser un théâtre où leur concours serait précieux. La nouvelle Chambre fournirait à plusieurs l'occasion de faire une sorte de stage et de se préparer pour l'avenir le chemin d'une autre enceinte.

Sans doute des hommes médiocres, à l'aide d'un renom

factice, pénètreraient ainsi dans le Parlement ; mais même aujourd'hui le fait n'est pas sans exemples, et, dans tout système qui exclut les minorités, les chances, parmi les nouveaux venus aux affaires, sont plutôt pour les tapageurs que pour les esprits sérieux, tandis que, mises à l'épreuve dans la seconde Chambre, les ambitions de mauvais aloi et les ambitions légitimes seraient bientôt jugées par leurs actes.

Beaucoup de gens, il est vrai, estiment qu'il y a toujours bien assez d'hommes politiques pour mettre la main aux affaires et qu'il est inutile d'en appeler d'autres à l'œuvre. Dans cette voie on irait loin ; mais les républiques de l'antiquité ne pensaient pas ainsi et l'une des causes de leur grandeur est que le moindre citoyen y prenait à cœur la chose publique autant et plus que la sienne propre. Le bien n'est pas de se désintéresser des affaires de l'État, mais de s'en occuper utilement. Or la chambre des minorités nous apparaît comme l'école où d'ordinaire les hommes politiques de l'avenir viendraient se former à être des hommes utiles.

Elle aurait un autre mérite, plus appréciable encore, quoique moins saillant, celui d'imprimer aux législatures successives une continuité de vues, un esprit de suite, sans lesquels il n'y a dans l'existence d'une nation que des événements isolés, mais point d'histoire. Le moment présent n'est pas tout pour un peuple ; il faut que chacune de ses évolutions soit la conséquence, non la négation des précédentes ; une politique incohérente n'est pas une politique. Une nation n'est forte que par l'unité de sa conduite et la poursuite constante d'un même plan ; le Sénat romain, le Conseil des Dix à Venise, l'ancienne monarchie française ont puisé à cette source leur gloire et leur puissance. Dans les sociétés contemporaines, l'esprit de changement, longtemps contenu, s'est fait, suivant le propre de toutes les réactions, une place exagérée, et la préoccupation des politiques sérieux est d'imaginer un état de choses qui permette à la fois de satisfaire aux exigences du progrès et d'établir l'unité dans la politique.

Les Chambres hautes sont le moyen auquel on recourt communément, et celles même qui sont élues ont une durée plus longue que les Chambres des représentants et plus de fixité dans les actes ; le Sénat des Etats-Unis est, sous ce rapport, la plus parfaite institution du genre. Mais nous connaissons .l'antipathie de notre organisation actuelle pour les Chambres hautes, et c'est par la Chambre des minorités que nous croyons réalisable l'accord entre les deux besoins essentiels d'une nation, la vie et la stabilité.

Aujourd'hui, des élections répétées à courts intervalles, peuvent en un seul jour de scrutin bouleverser la composition de l'Assemblée élective. Du jour au lendemain, l'ancien personnel de la représentation peut être soudainement remplacé par un autre qui, dans le premier emportement de la victoire, inaugure une politique opposée à celle de la veille, sans vouloir subir le frein des débris de la Chambre précédente restés dans la nouvelle. Il s'est vu même, après le coup d'Etat par exemple, que, sous la pression des événements, il ne restât pas dans une assemblée récemment élue le moindre vestige de la majorité antérieure. Comment alors ménager les transitions, comment éviter le chaos ? Tout est périodiquement à refaire, et le gouvernement devient un travail de Sisyphe.

Qu'au contraire, les majorités vaincues qui ont cessé d'avoir la prépondérance dans la Chambre où se font les lois et qui sont devenues minorités, au lieu d'être expulsées du parlement, y conservent une Chambre, moins importante que celle d'où elles sortent, mais où elles puissent surveiller la politique de leurs successeurs ; il existe une garantie que les changements ne se feront jamais violemment et sans contrôle. Ainsi en sera-t-il à chaque renouvellement du pouvoir législatif, et à tour de rôle, les nouvelles majorités, contenues par celles qu'elles auront remplacées, apprendront à user de leur droit sans rompre avec les traditions. Quel parti pourrait se plaindre d'être mis en garde contre ses propres entraînements, sachant que demain peut-être il rendra le même office à ses adversaires ?

Mais, dira-t-on, ériger les minorités en une Chambre spéciale et les placer en face des majorités avec un pouvoir modérateur, c'est organiser l'antagonisme officiel de ceux qui doivent obéir et de ceux qui ont le droit de commander, c'est sous une forme pacifique légaliser l'insurrection. Cela serait à craindre en effet s'il était question de remettre aux minorités un pouvoir égal à celui des majorités : il ne s'agit de rien de pareil. C'est une affaire d'attributions.

Sous prétexte de faire équilibre à la première Chambre, il ne faut pas que la seconde soit sur le même rang et s'arroge les mêmes prérogatives. Son rôle doit être assez actif, ses droits assez grands pour que les minorités aient tout pouvoir de se faire entendre et de prendre aux choses publiques la part qui leur revient, sans avoir la faculté d'opposer leur *velo* aux décisions des majorités ou d'y substituer les siennes. Il suffit, pour que son contrôle ait une valeur, qu'il puisse s'exercer avant le vote, afin de l'éclairer, ou après le vote, afin d'éveiller l'attention des législateurs sur les inconvénients ou les dangers d'un projet admis. Mais il va de soi que le dernier mot doit rester à la Chambre qui représente les majorités et qui seule a le droit de transformer ses volontés en lois (1).

Il ne saurait entrer dans notre plan de tracer l'esquisse d'une Constitution, et nous n'avons pas à développer en détail les différents modes dont la Chambre des minorités pourrait intervenir dans l'action législative. Ces modes, il est facile de les imaginer ; pour ne citer que des exemples au hasard : communication des projets de loi ou de certains seulement (lois de finances, etc.), étude par la seconde Chambre, avis exprimé ou envoi de commissaires à la première Chambre, par analogie avec le rôle du Tribunat sous l'Empire, cas où un certain nombre de députés de la première Chambre demanderaient que la seconde Chambre fût consultée, cas où à des conditions spéciales celle-ci pourrait renvoyer une loi déjà votée à une seconde délibération de la première, etc., etc.

Les détails d'application en pareille matière sont peu de chose, les principes sont l'affaire capitale, et un jour ou l'autre, sous une forme quelconque, le principe de la représentation des minorités s'imposera. Qu'on ne se le dissimule pas, dans le temps de publique discussion où nous sommes les minorités apprendront à jouer officieusement le rôle que la loi n'a pas encore consacré pour elles. L'Amérique en a fait l'expérience : en 1831 les ennemis du *tarif*, qui étaient en minorité, envoyèrent à Philadelphie, sur la proposition d'un obscur citoyen du Massachusetts,

(1) « Je regarde comme impie et détestable cette maxime qu'en matière de gou-
» vernement la majorité d'un peuple a le droit de tout faire, et pourtant je place
» dans les volontés de la majorité l'origine de tous les pouvoirs. Suis-je en con-
» tradiction avec moi-même?.. ..... Je pense qu'il faut toujours placer quelque part
» un pouvoir social supérieur à tous les autres; mais *je crois la liberté en péril si*
» *ce pouvoir ne trouve devant lui aucun obstacle qui puisse retenir sa marche et lui*
» *donner le temps de se modérer lui-même.* » De Tocqueville, *op. cit.* II, 135-140.

des représentants élus, dont la réunion forma la première de ces *conventions de minorités* célèbres de l'autre côté de l'Atlantique, « qui n'ont pas le droit de faire la loi, mais » qui ont le pouvoir d'attaquer celle qui existe et de for- » muler d'avance celle qui doit exister. » Nous verrons cela quelque jour en France ; nous l'avons même déjà vu pratiquer partiellement pour les questions de libre-échange et de protection ; le système qui vient d'être énoncé n'est donc pas sans antécédents ; il est la consécration d'un besoin qui deviendra nécessairement plus impérieux à mesure que la liberté de réunion sera plus grande. La forme seule est nouvelle.

Mais la nouveauté de la forme est précisément la grave objection, celle dont il est le plus difficile de se défendre : *cela ne s'est jamais vu.* Il convient de n'en faire ni une fin de non-recevoir *à priori* ni une cause d'engoûment.

Plus la civilisation marchera, moins l'on sera admis à repousser une innovation sous prétexte que cela ne s'est jamais vu. Lord Hatherley l'a rappelé sous une forme humoristique (1) : Tout jeune il assistait au début de l'éclairage public au gaz, et sir Humphry Davy, qui était cependant un homme d'intelligence supérieure, ne croyait pas à l'avenir de la découverte *parce que cela ne s'était jamais vu.*

Nous nous étonnons que les Républiques et les Empires anciens aient ignoré la séparation des pouvoirs, le régime parlementaire, la responsabilité ministérielle, l'inamovibi- lité de la magistrature, toutes vérités qui sont aujourd'hui dans le domaine public, et qui, pour n'être pas admises par tout le monde, ne semblent cependant extraordinaires à personne. Qui sait si nos enfants ne s'étonneront pas un

____

(1) Discours au banquet du lord-maire de Londres, le 29 juin 1869.

jour que longtemps les minorités aient été exclues de la Représentation nationale, que longtemps elles n'aient eu d'autre alternative que de subir la majorité ou de la renverser et non de lui faire équilibre ?

Mais s'il faut se garder d'exclure de parti pris les nouveautés parce qu'elles sont nouvelles, il est utile de les accueillir avec prudence et bienséant de les énoncer sans pédantisme. On est aisément porté à considérer comme des merveilles ses propres inventions et comme des sots ceux qui ne les acceptent pas. C'est un autre excès que nous avons cherché à éviter, désireux seulement de soumettre à la discussion des idées qui, dans les circonstances où nous sommes, peuvent avoir quelque intérêt, persuadé d'ailleurs que nous n'apportons pas à la France un remède pour tous ses maux.

Roanne. — Imprimerie E. FERLAY.